This Book belongs To

_____

© COPYRIGHT 2021 - ALL RIGHTS RESERVED.

You may not reproduce, duplicate or send the contents of this book without direct written permission from the author. You cannot hereby despite any circumstance blame the publisher or hold him or her to legal responsibility for any reparation, compensations, or monetary forfeiture owing to the information included herein, either in a direct or an indirect way.

Legal Notice: This book has copyright protection. You can use the book for personal purpose. You should not sell, use, alter, distribute, quote, take excerpts or paraphrase in part or whole the material contained in this book without obtaining the permission of the author first.

Disclaimer Notice: You must take note that the information in this document is for casual reading and entertainment purposes only.

We have made every attempt to provide accurate, up to date and reliable information. We do not express or imply guarantees of any kind. The persons who read admit that the writer is not occupied in giving legal, financial, medical or other advice. We put this book content by sourcing various places.

Please consult a licensed professional before you try any techniques shown in this book. By going through this document, the book lover comes to an agreement that under no situation is the author accountable for any forfeiture, direct or indirect, which they may incur because of the use of material contained in this document, including, but not limited to, errors, omissions, or inaccuracies.

ADDITION

10 + 31	18 + 28	28 + 13	42 + 29
43 + 41	23 + 72	48 + 25	34 + 46
73 + 24	25 + 31	28 + 13	16 + 75
46 + 35	25 + 74	53 + 29	18 + 38
46 + 39	10 + 17	10 + 11	41 + 17

ADDITION

30 + 52	37 + 23	21 + 17	34 + 17
14 + 82	22 + 26	21 + 53	38 + 37
48 + 27	10 + 50	17 + 60	42 + 30
34 + 29	66 + 21	55 + 13	29 + 11
40 + 22	44 + 37	12 + 38	17 + 50

ADDITION

56 + 17	41 + 32	79 + 14	21 + 55
40 + 49	68 + 12	49 + 40	12 + 73
39 + 57	65 + 16	59 + 27	86 + 11
14 + 18	35 + 16	56 + 36	43 + 51
69 + 11	62 + 25	65 + 11	18 + 55

ADDITION

44 + 50	70 + 13	84 + 14	32 + 39
87 + 11	15 + 52	51 + 16	22 + 63
31 + 38	11 + 22	29 + 60	15 + 84
34 + 50	58 + 34	45 + 36	52 + 12
52 + 24	10 + 19	67 + 31	39 + 36

ADDITION

21 + 10	57 + 40	59 + 34	29 + 15
28 + 17	15 + 40	21 + 49	21 + 68
19 + 64	38 + 34	44 + 29	31 + 53
68 + 11	81 + 13	10 + 62	69 + 21
45 + 40	11 + 74	10 + 72	26 + 32

ADDITION

79 + 16	55 + 22	72 + 11	21 + 20
50 + 11	41 + 18	87 + 10	31 + 47
34 + 50	68 + 30	48 + 28	28 + 27
36 + 13	25 + 19	14 + 32	80 + 17
31 + 45	34 + 44	33 + 28	57 + 17

ADDITION

78 + 18	30 + 20	51 + 13	56 + 15
26 + 10	58 + 26	46 + 42	18 + 33
83 + 10	22 + 20	55 + 26	35 + 38
66 + 26	20 + 70	14 + 18	23 + 29
16 + 51	56 + 35	15 + 62	17 + 59

ADDITION

26 + 57	64 + 13	40 + 55	26 + 16
32 + 25	57 + 41	20 + 68	44 + 13
16 + 77	21 + 40	15 + 59	27 + 18
24 + 72	16 + 75	46 + 32	40 + 35
11 + 56	60 + 23	26 + 36	45 + 49

ADDITION

36	30	29	35
+ 37	+ 12	+ 25	+ 56

28	27	16	36
+ 39	+ 72	+ 16	+ 27

17	53	51	23
+ 39	+ 27	+ 17	+ 29

50	76	24	25
+ 12	+ 18	+ 30	+ 54

42	30	72	47
+ 35	+ 66	+ 11	+ 37

ADDITION

| 11 | 39 | 25 | 31 |
|+ 13 | + 35 | + 32 | + 52 |

| 11 | 18 | 34 | 19 |
|+ 64 | + 43 | + 19 | + 13 |

| 36 | 33 | 42 | 59 |
|+ 43 | + 33 | + 30 | + 22 |

| 41 | 31 | 37 | 14 |
|+ 14 | + 55 | + 46 | + 48 |

| 12 | 18 | 11 | 15 |
|+ 48 | + 74 | + 18 | + 79 |

ADDITION

| 159 | 363 | 181 | 444 |
| + 687 | + 178 | + 788 | + 174 |

| 288 | 136 | 394 | 169 |
| + 270 | + 384 | + 458 | + 207 |

| 337 | 528 | 522 | 335 |
| + 434 | + 292 | + 323 | + 468 |

| 690 | 502 | 747 | 166 |
| + 237 | + 313 | + 226 | + 228 |

| 225 | 422 | 384 | 372 |
| + 469 | + 286 | + 118 | + 214 |

ADDITION

186 + 333	204 + 686	199 + 772	564 + 353
281 + 503	511 + 121	651 + 336	163 + 830
189 + 271	157 + 476	528 + 170	252 + 332
388 + 387	354 + 117	430 + 553	103 + 362
513 + 298	334 + 588	155 + 769	406 + 537

ADDITION

165 + 309	498 + 228	517 + 151	327 + 486
132 + 135	511 + 327	396 + 125	438 + 441
423 + 217	305 + 535	598 + 336	466 + 208
538 + 165	191 + 257	472 + 250	422 + 256
504 + 143	133 + 677	439 + 407	743 + 108

ADDITION

625 + 176	336 + 236	264 + 552	554 + 289
334 + 171	300 + 484	505 + 389	548 + 427
564 + 200	123 + 470	212 + 138	183 + 155
522 + 273	412 + 282	451 + 458	146 + 288
333 + 398	259 + 382	424 + 182	404 + 326

ADDITION

674 + 106	684 + 270	199 + 331	191 + 346
219 + 748	353 + 150	433 + 288	131 + 746
316 + 300	509 + 468	741 + 182	234 + 724
110 + 520	453 + 230	355 + 159	635 + 354
256 + 463	382 + 456	184 + 786	264 + 145

ADDITION

273 + 641	274 + 209	137 + 582	750 + 221
432 + 525	342 + 278	217 + 435	146 + 748
422 + 366	113 + 786	110 + 275	454 + 292
495 + 388	321 + 655	206 + 294	277 + 439
546 + 418	119 + 171	185 + 119	345 + 113

ADDITION

689 + 289	191 + 680	275 + 547	354 + 576
128 + 207	174 + 779	721 + 216	776 + 123
220 + 427	516 + 195	355 + 176	412 + 427
707 + 117	175 + 537	415 + 407	347 + 557
124 + 583	362 + 225	123 + 232	270 + 143

ADDITION

207	503	250	161
+ 476	+ 234	+ 447	+ 647

548	270	297	637
+ 258	+ 248	+ 317	+ 143

369	494	609	238
+ 383	+ 334	+ 279	+ 288

445	343	678	152
+ 144	+ 148	+ 229	+ 564

683	417	213	196
+ 128	+ 393	+ 364	+ 418

ADDITION

604 + 260	353 + 515	546 + 411	436 + 182
496 + 368	165 + 404	203 + 469	297 + 648
452 + 430	422 + 478	528 + 405	237 + 747
309 + 583	192 + 372	718 + 249	182 + 617
637 + 203	346 + 482	115 + 421	328 + 491

ADDITION

570	352	261	549
+ 100	+ 558	+ 364	+ 210

480	233	471	123
+ 373	+ 303	+ 116	+ 299

238	319	190	282
+ 253	+ 647	+ 503	+ 239

469	432	110	194
+ 386	+ 434	+ 713	+ 382

238	320	275	666
+ 695	+ 331	+ 636	+ 304

SUBTRACTION

| 97 − 23 | 71 − 38 | 41 − 16 | 51 − 30 |

| 73 − 51 | 30 − 17 | 93 − 26 | 76 − 57 |

| 86 − 15 | 79 − 22 | 67 − 10 | 80 − 18 |

| 34 − 10 | 64 − 35 | 23 − 12 | 84 − 30 |

| 47 − 35 | 62 − 14 | 81 − 38 | 89 − 29 |

SUBTRACTION

```
   88        71        95        66
 − 32      − 11      − 14      − 34


   57        35        52        77
 − 18      − 19      − 24      − 34


   96        74        89        70
 − 23      − 36      − 73      − 15


   94        86        31        87
 − 47      − 17      − 20      − 72


   60        97        98        42
 − 49      − 27      − 85      − 22
```

SUBTRACTION

83 − 34	46 − 27	90 − 16	85 − 39
59 − 23	69 − 42	45 − 10	96 − 23
51 − 31	80 − 47	76 − 28	39 − 16
58 − 31	72 − 35	92 − 28	93 − 30
71 − 59	55 − 29	95 − 53	98 − 20

SUBTRACTION

```
  43        98        60        84
- 31      - 73      - 12      - 57


  44        67        90        99
- 26      - 27      - 78      - 58


  95        51        85        70
- 24      - 29      - 70      - 57


  91        93        86        26
- 22      - 12      - 36      - 10


  81        89        80        49
- 11      - 52      - 47      - 17
```

SUBTRACTION

```
  71        95        98        82
− 21      − 48      − 66      − 17
----      ----      ----      ----


  97        93        88        57
− 81      − 55      − 56      − 19
----      ----      ----      ----


  72        46        42        83
− 12      − 12      − 14      − 46
----      ----      ----      ----


  76        90        96        39
− 40      − 27      − 16      − 11
----      ----      ----      ----


  51        62        70        75
− 10      − 24      − 29      − 56
----      ----      ----      ----
```

SUBTRACTION

70	85	86	99
− 35	− 11	− 14	− 77

89	98	68	77
− 45	− 71	− 22	− 50

92	78	97	91
− 66	− 35	− 27	− 26

67	87	41	37
− 37	− 22	− 29	− 13

57	95	55	82
− 27	− 62	− 21	− 52

SUBTRACTION

| 97 − 21 | 76 − 35 | 73 − 33 | 30 − 19 |

| 90 − 76 | 60 − 27 | 59 − 38 | 70 − 57 |

| 68 − 41 | 83 − 22 | 82 − 66 | 56 − 30 |

| 50 − 34 | 52 − 41 | 74 − 12 | 96 − 50 |

| 78 − 43 | 43 − 21 | 95 − 65 | 39 − 18 |

SUBTRACTION

97 − 10	89 − 58	69 − 44	78 − 41
66 − 53	91 − 47	98 − 46	87 − 25
96 − 77	53 − 41	72 − 23	51 − 10
82 − 39	45 − 11	95 − 10	83 − 35
61 − 34	80 − 16	68 − 42	84 − 59

SUBTRACTION

71 − 49	91 − 65	64 − 34	65 − 28
83 − 47	81 − 57	40 − 13	44 − 24
55 − 17	56 − 30	92 − 14	86 − 12
75 − 15	73 − 10	59 − 33	66 − 51
57 − 29	38 − 23	58 − 45	41 − 16

SUBTRACTION

```
  95        72        69        82
- 16      - 36      - 29      - 57
————      ————      ————      ————


  65        57        70        83
- 26      - 23      - 49      - 25
————      ————      ————      ————


  88        84        99        25
- 18      - 42      - 26      - 13
————      ————      ————      ————


  42        78        90        28
- 13      - 63      - 25      - 15
————      ————      ————      ————


  74        36        92        85
- 61      - 20      - 50      - 53
————      ————      ————      ————
```

SUBTRACTION

| 216 | 767 | 546 | 768 |
| − 23 | − 580 | − 72 | − 459 |

| 886 | 945 | 882 | 828 |
| − 614 | − 662 | − 648 | − 526 |

| 965 | 846 | 447 | 844 |
| − 727 | − 624 | − 342 | − 526 |

| 996 | 685 | 876 | 282 |
| − 298 | − 248 | − 177 | − 214 |

| 827 | 452 | 722 | 926 |
| − 703 | − 270 | − 600 | − 229 |

SUBTRACTION

```
  568        932        686        980
- 345      - 653      - 367      - 768


  367        778        775        850
- 180      - 554      - 392      - 454


  698        876        416        944
- 179      - 336      -  48      - 730


  783        958        844        633
- 720      - 873      - 263      - 556


  860        787        849        627
- 221      - 674      - 133      - 223
```

SUBTRACTION

996	657	892	957
− 851	− 450	− 735	− 740

936	904	723	720
− 878	− 162	− 189	− 13

933	717	621	792
− 715	− 362	− 414	− 623

467	949	879	915
− 110	− 423	− 98	− 554

943	840	517	530
− 237	− 712	− 166	− 189

SUBTRACTION

| 885 | 708 | 744 | 177 |
| − 233 | − 383 | − 246 | − 40 |

| 675 | 729 | 891 | 753 |
| − 585 | − 369 | − 765 | − 479 |

| 636 | 685 | 740 | 965 |
| − 75 | − 484 | − 655 | − 656 |

| 539 | 829 | 651 | 617 |
| − 29 | − 253 | − 107 | − 383 |

| 719 | 342 | 938 | 892 |
| − 497 | − 20 | − 612 | − 614 |

SUBTRACTION

737 − 523	940 − 687	330 − 91	937 − 139
860 − 686	639 − 192	970 − 190	550 − 316
589 − 98	994 − 447	660 − 402	965 − 190
724 − 308	405 − 251	904 − 111	239 − 140
291 − 131	892 − 835	619 − 375	517 − 367

SUBTRACTION

317 − 143	471 − 222	398 − 204	963 − 655
848 − 309	757 − 203	681 − 85	946 − 127
940 − 563	974 − 892	365 − 297	481 − 245
615 − 163	889 − 86	426 − 245	668 − 193
244 − 53	978 − 263	862 − 24	766 − 294

SUBTRACTION

429	629	675	777
− 234	− 400	− 533	− 193

905	754	973	333
− 721	− 693	− 52	− 198

444	791	776	817
− 103	− 267	− 25	− 452

671	895	917	590
− 21	− 504	− 640	− 526

892	697	757	583
− 161	− 50	− 334	− 81

SUBTRACTION

821 − 178	671 − 531	390 − 119	313 − 120
615 − 295	736 − 89	898 − 711	820 − 176
217 − 161	855 − 772	645 − 342	972 − 212
322 − 115	982 − 215	367 − 297	797 − 138
654 − 306	583 − 528	621 − 408	224 − 148

SUBTRACTION

994	842	435	625
− 898	− 37	− 215	− 155

944	724	769	318
− 527	− 143	− 383	− 235

921	339	452	886
− 602	− 160	− 85	− 261

629	382	368	714
− 414	− 215	− 150	− 125

992	960	648	746
− 505	− 195	− 236	− 437

SUBTRACTION

490 − 189	736 − 252	626 − 328	999 − 937
694 − 146	782 − 427	436 − 338	443 − 64
641 − 88	528 − 17	787 − 255	977 − 388
811 − 655	651 − 417	930 − 774	960 − 576
943 − 565	864 − 728	513 − 241	852 − 13

MULTIPLICATION

| 65 | 35 | 65 | 51 |
| × 8 | × 9 | × 3 | × 6 |

| 75 | 52 | 14 | 34 |
| × 6 | × 1 | × 1 | × 1 |

| 12 | 48 | 36 | 99 |
| × 5 | × 3 | × 7 | × 8 |

| 33 | 85 | 30 | 65 |
| × 1 | × 8 | × 9 | × 8 |

| 71 | 60 | 72 | 33 |
| × 8 | × 8 | × 5 | × 7 |

MULTIPLICATION

18	17	55	70
× 1	× 2	× 2	× 5

49	90	44	77
× 3	× 8	× 4	× 6

28	87	45	45
× 4	× 6	× 7	× 9

62	21	92	54
× 8	× 1	× 4	× 6

80	11	94	80
× 9	× 4	× 9	× 7

MULTIPLICATION

| 87 × 3 | 17 × 8 | 70 × 5 | 81 × 3 |

| 92 × 9 | 65 × 3 | 52 × 7 | 31 × 6 |

| 68 × 3 | 95 × 8 | 35 × 7 | 78 × 8 |

| 71 × 8 | 98 × 2 | 62 × 8 | 30 × 6 |

| 53 × 1 | 46 × 5 | 20 × 6 | 95 × 1 |

MULTIPLICATION

| 69 | 58 | 70 | 65 |
| × 8 | × 4 | × 7 | × 6 |

| 88 | 69 | 51 | 54 |
| × 1 | × 4 | × 9 | × 1 |

| 57 | 11 | 62 | 34 |
| × 4 | × 8 | × 3 | × 7 |

| 91 | 57 | 57 | 73 |
| × 2 | × 6 | × 8 | × 1 |

| 53 | 45 | 25 | 33 |
| × 9 | × 8 | × 8 | × 8 |

MULTIPLICATION

53 × 9	53 × 8	19 × 2	36 × 6

32 × 4	62 × 9	31 × 9	23 × 3

42 × 9	63 × 5	28 × 4	59 × 3

46 × 3	72 × 3	39 × 3	90 × 8

75 × 9	77 × 2	99 × 7	17 × 7

MULTIPLICATION

| 41 × 3 | 67 × 8 | 77 × 4 | 30 × 4 |

| 11 × 3 | 29 × 2 | 51 × 5 | 16 × 4 |

| 23 × 9 | 36 × 1 | 65 × 3 | 24 × 4 |

| 68 × 2 | 87 × 5 | 26 × 6 | 52 × 3 |

| 41 × 1 | 62 × 4 | 37 × 9 | 91 × 9 |

MULTIPLICATION

| 49 × 2 | 75 × 8 | 13 × 4 | 53 × 7 |

| 83 × 8 | 74 × 4 | 76 × 3 | 15 × 3 |

| 98 × 1 | 54 × 3 | 50 × 2 | 51 × 5 |

| 72 × 8 | 35 × 8 | 82 × 4 | 41 × 6 |

| 66 × 9 | 14 × 8 | 99 × 5 | 10 × 6 |

MULTIPLICATION

81 × 1	99 × 4	95 × 5	40 × 6
84 × 1	57 × 2	58 × 6	37 × 3
89 × 2	97 × 1	49 × 7	74 × 4
39 × 3	55 × 9	19 × 6	54 × 4
64 × 7	28 × 6	79 × 1	81 × 7

MULTIPLICATION

| 17 × 9 | 35 × 8 | 37 × 3 | 49 × 7 |

| 45 × 9 | 31 × 5 | 69 × 6 | 67 × 3 |

| 19 × 8 | 36 × 9 | 99 × 6 | 46 × 6 |

| 92 × 1 | 32 × 6 | 62 × 9 | 19 × 2 |

| 73 × 8 | 56 × 6 | 32 × 3 | 31 × 6 |

MULTIPLICATION

| 57 × 5 | 86 × 2 | 68 × 2 | 30 × 8 |

| 66 × 8 | 82 × 3 | 83 × 5 | 17 × 5 |

| 46 × 9 | 46 × 2 | 78 × 1 | 39 × 9 |

| 86 × 8 | 31 × 9 | 32 × 9 | 94 × 9 |

| 32 × 3 | 14 × 9 | 80 × 8 | 61 × 9 |

MULTIPLICATION

245 × 7	790 × 3	377 × 3	779 × 7
143 × 6	580 × 5	979 × 8	771 × 9
682 × 5	232 × 1	494 × 1	572 × 3
472 × 8	897 × 5	425 × 1	441 × 4
222 × 5	668 × 5	863 × 9	949 × 2

MULTIPLICATION

962	401	756	934
× 8	× 8	× 4	× 9

607	240	177	581
× 7	× 8	× 4	× 2

216	774	376	147
× 7	× 7	× 7	× 8

477	343	493	540
× 3	× 3	× 3	× 1

316	886	996	349
× 6	× 2	× 1	× 3

MULTIPLICATION

548 × 9	900 × 9	146 × 1	719 × 5
559 × 3	908 × 2	756 × 2	180 × 7
344 × 5	106 × 3	675 × 9	518 × 9
623 × 3	746 × 3	238 × 9	143 × 4
356 × 7	128 × 5	370 × 2	133 × 8

MULTIPLICATION

| 510 × 4 | 594 × 6 | 919 × 1 | 304 × 3 |

| 887 × 2 | 926 × 7 | 674 × 4 | 331 × 4 |

| 582 × 8 | 251 × 8 | 267 × 1 | 734 × 4 |

| 524 × 5 | 600 × 7 | 291 × 5 | 612 × 1 |

| 444 × 2 | 841 × 6 | 101 × 4 | 933 × 4 |

MULTIPLICATION

| 414 × 2 | 269 × 5 | 390 × 2 | 638 × 4 |

| 180 × 8 | 901 × 3 | 715 × 1 | 823 × 2 |

| 694 × 2 | 227 × 1 | 310 × 2 | 746 × 5 |

| 242 × 2 | 796 × 2 | 969 × 9 | 260 × 3 |

| 751 × 1 | 368 × 4 | 598 × 3 | 424 × 1 |

MULTIPLICATION

919 × 4	994 × 7	429 × 3	598 × 3

372 × 8	315 × 8	655 × 2	935 × 3

404 × 5	497 × 6	457 × 3	393 × 7

904 × 7	348 × 8	955 × 8	673 × 4

171 × 5	459 × 4	268 × 9	946 × 6

MULTIPLICATION

430	261	222	377
× 6	× 6	× 3	× 8

105	156	982	252
× 9	× 6	× 6	× 6

910	283	187	536
× 4	× 6	× 6	× 6

914	749	189	219
× 2	× 3	× 5	× 3

507	691	529	441
× 9	× 5	× 2	× 5

MULTIPLICATION

| 590 × 7 | 924 × 9 | 297 × 5 | 571 × 9 |

| 789 × 4 | 554 × 2 | 288 × 2 | 805 × 3 |

| 592 × 7 | 739 × 7 | 968 × 3 | 116 × 1 |

| 179 × 5 | 321 × 6 | 844 × 2 | 651 × 9 |

| 926 × 6 | 759 × 4 | 850 × 6 | 986 × 4 |

MULTIPLICATION

292 × 1	230 × 8	822 × 7	579 × 4
463 × 9	907 × 6	208 × 6	705 × 1
529 × 9	266 × 6	368 × 4	801 × 7
894 × 3	539 × 4	251 × 1	305 × 3
761 × 2	124 × 4	989 × 9	762 × 7

MULTIPLICATION

287	815	961	904
× 6	× 1	× 9	× 9

933	191	653	287
× 7	× 8	× 1	× 6

516	914	360	320
× 5	× 8	× 1	× 8

646	608	242	272
× 1	× 2	× 4	× 4

250	271	677	264
× 5	× 7	× 2	× 6

DIVISION

35 ÷ 5 = ____ 49 ÷ 7 = ____

10 ÷ 5 = ____ 8 ÷ 8 = ____

18 ÷ 2 = ____ 0 ÷ 4 = ____

7 ÷ 7 = ____ 5 ÷ 5 = ____

15 ÷ 3 = ____ 0 ÷ 7 = ____

18 ÷ 9 = ____ 24 ÷ 8 = ____

48 ÷ 8 = ____ 36 ÷ 4 = ____

24 ÷ 4 = ____ 36 ÷ 9 = ____

42 ÷ 7 = ____ 18 ÷ 6 = ____

9 ÷ 9 = ____ 16 ÷ 8 = ____

DIVISION

64 ÷ 8 = ____

12 ÷ 6 = ____

20 ÷ 4 = ____

0 ÷ 7 = ____

14 ÷ 7 = ____

9 ÷ 9 = ____

3 ÷ 1 = ____

0 ÷ 1 = ____

21 ÷ 3 = ____

16 ÷ 2 = ____

54 ÷ 6 = ____

24 ÷ 4 = ____

28 ÷ 7 = ____

72 ÷ 9 = ____

9 ÷ 1 = ____

0 ÷ 9 = ____

9 ÷ 3 = ____

72 ÷ 8 = ____

4 ÷ 1 = ____

20 ÷ 5 = ____

DIVISION

6 ÷ 2 = ____

24 ÷ 6 = ____

54 ÷ 9 = ____

48 ÷ 8 = ____

63 ÷ 7 = ____

8 ÷ 1 = ____

8 ÷ 2 = ____

12 ÷ 6 = ____

14 ÷ 7 = ____

15 ÷ 3 = ____

4 ÷ 2 = ____

63 ÷ 9 = ____

0 ÷ 8 = ____

12 ÷ 2 = ____

15 ÷ 5 = ____

24 ÷ 3 = ____

0 ÷ 9 = ____

28 ÷ 7 = ____

24 ÷ 8 = ____

72 ÷ 8 = ____

DIVISION

28 ÷ 7 = _____   56 ÷ 7 = _____

28 ÷ 4 = _____   15 ÷ 3 = _____

 0 ÷ 2 = _____   6 ÷ 2 = _____

72 ÷ 9 = _____   2 ÷ 2 = _____

12 ÷ 4 = _____   32 ÷ 4 = _____

12 ÷ 2 = _____   48 ÷ 6 = _____

18 ÷ 6 = _____   20 ÷ 4 = _____

 9 ÷ 9 = _____   0 ÷ 3 = _____

 0 ÷ 4 = _____   8 ÷ 8 = _____

 4 ÷ 2 = _____   30 ÷ 6 = _____

DIVISION

18 ÷ 9 = ____

12 ÷ 2 = ____

4 ÷ 1 = ____

36 ÷ 9 = ____

9 ÷ 9 = ____

5 ÷ 5 = ____

0 ÷ 2 = ____

35 ÷ 5 = ____

10 ÷ 2 = ____

32 ÷ 4 = ____

30 ÷ 6 = ____

48 ÷ 8 = ____

72 ÷ 9 = ____

18 ÷ 6 = ____

18 ÷ 2 = ____

24 ÷ 8 = ____

0 ÷ 3 = ____

24 ÷ 4 = ____

0 ÷ 6 = ____

0 ÷ 9 = ____

DIVISION

14 ÷ 7 = ____

10 ÷ 5 = ____

48 ÷ 6 = ____

45 ÷ 9 = ____

63 ÷ 9 = ____

10 ÷ 2 = ____

56 ÷ 7 = ____

72 ÷ 9 = ____

18 ÷ 9 = ____

7 ÷ 1 = ____

3 ÷ 3 = ____

6 ÷ 3 = ____

0 ÷ 7 = ____

0 ÷ 1 = ____

5 ÷ 5 = ____

8 ÷ 8 = ____

8 ÷ 4 = ____

0 ÷ 3 = ____

35 ÷ 7 = ____

32 ÷ 4 = ____

DIVISION

45 ÷ 5 = ____

81 ÷ 9 = ____

49 ÷ 7 = ____

7 ÷ 7 = ____

9 ÷ 9 = ____

14 ÷ 7 = ____

18 ÷ 3 = ____

24 ÷ 6 = ____

8 ÷ 4 = ____

54 ÷ 9 = ____

16 ÷ 8 = ____

18 ÷ 2 = ____

27 ÷ 9 = ____

20 ÷ 5 = ____

18 ÷ 6 = ____

30 ÷ 6 = ____

36 ÷ 9 = ____

10 ÷ 5 = ____

24 ÷ 3 = ____

36 ÷ 6 = ____

DIVISION

36 ÷ 9 = ____

12 ÷ 6 = ____

10 ÷ 2 = ____

18 ÷ 6 = ____

24 ÷ 6 = ____

8 ÷ 4 = ____

1 ÷ 1 = ____

72 ÷ 9 = ____

40 ÷ 8 = ____

28 ÷ 4 = ____

32 ÷ 8 = ____

2 ÷ 1 = ____

24 ÷ 8 = ____

81 ÷ 9 = ____

6 ÷ 1 = ____

9 ÷ 9 = ____

49 ÷ 7 = ____

0 ÷ 7 = ____

6 ÷ 6 = ____

64 ÷ 8 = ____

DIVISION

24 ÷ 6 = ____

28 ÷ 4 = ____

28 ÷ 7 = ____

81 ÷ 9 = ____

48 ÷ 6 = ____

20 ÷ 5 = ____

0 ÷ 4 = ____

18 ÷ 9 = ____

0 ÷ 1 = ____

27 ÷ 9 = ____

0 ÷ 6 = ____

48 ÷ 8 = ____

12 ÷ 6 = ____

12 ÷ 3 = ____

24 ÷ 8 = ____

7 ÷ 1 = ____

36 ÷ 4 = ____

6 ÷ 2 = ____

45 ÷ 5 = ____

4 ÷ 1 = ____

DIVISION

7 ÷ 1 = ____

8 ÷ 1 = ____

72 ÷ 8 = ____

36 ÷ 9 = ____

45 ÷ 5 = ____

30 ÷ 5 = ____

4 ÷ 4 = ____

56 ÷ 7 = ____

35 ÷ 7 = ____

54 ÷ 6 = ____

12 ÷ 6 = ____

4 ÷ 2 = ____

18 ÷ 2 = ____

5 ÷ 5 = ____

72 ÷ 9 = ____

36 ÷ 6 = ____

18 ÷ 9 = ____

49 ÷ 7 = ____

24 ÷ 4 = ____

9 ÷ 1 = ____

DIVISION

$\dfrac{36}{9} =$ _____		$\dfrac{63}{7} =$ _____		$\dfrac{12}{6} =$ _____

$\dfrac{0}{6} =$ _____		$\dfrac{30}{5} =$ _____		$\dfrac{15}{3} =$ _____

$\dfrac{72}{8} =$ _____		$\dfrac{40}{5} =$ _____		$\dfrac{12}{3} =$ _____

$\dfrac{2}{1} =$ _____		$\dfrac{15}{5} =$ _____		$\dfrac{16}{4} =$ _____

$\dfrac{64}{8} =$ _____		$\dfrac{20}{4} =$ _____		$\dfrac{4}{2} =$ _____

$\dfrac{9}{9} =$ _____		$\dfrac{10}{5} =$ _____		$\dfrac{72}{9} =$ _____

$\dfrac{35}{7} =$ _____		$\dfrac{8}{8} =$ _____

DIVISION

$\dfrac{5}{1} =$ _____ $\dfrac{56}{8} =$ _____ $\dfrac{12}{6} =$ _____

$\dfrac{54}{9} =$ _____ $\dfrac{0}{3} =$ _____ $\dfrac{40}{5} =$ _____

$\dfrac{9}{1} =$ _____ $\dfrac{56}{7} =$ _____ $\dfrac{12}{4} =$ _____

$\dfrac{45}{9} =$ _____ $\dfrac{4}{1} =$ _____ $\dfrac{81}{9} =$ _____

$\dfrac{10}{5} =$ _____ $\dfrac{16}{4} =$ _____ $\dfrac{8}{4} =$ _____

$\dfrac{2}{2} =$ _____ $\dfrac{14}{7} =$ _____ $\dfrac{27}{3} =$ _____

$\dfrac{4}{2} =$ _____ $\dfrac{72}{8} =$ _____

DIVISION

$\dfrac{42}{6} =$ _____

$\dfrac{8}{2} =$ _____

$\dfrac{36}{9} =$ _____

$\dfrac{12}{3} =$ _____

$\dfrac{81}{9} =$ _____

$\dfrac{30}{6} =$ _____

$\dfrac{2}{1} =$ _____

$\dfrac{35}{7} =$ _____

$\dfrac{0}{2} =$ _____

$\dfrac{25}{5} =$ _____

$\dfrac{28}{4} =$ _____

$\dfrac{21}{7} =$ _____

$\dfrac{0}{4} =$ _____

$\dfrac{7}{1} =$ _____

$\dfrac{16}{8} =$ _____

$\dfrac{12}{6} =$ _____

$\dfrac{24}{4} =$ _____

$\dfrac{18}{9} =$ _____

$\dfrac{3}{1} =$ _____

$\dfrac{0}{6} =$ _____

DIVISION

$\dfrac{45}{9}$ = _____ $\dfrac{35}{5}$ = _____ $\dfrac{6}{6}$ = _____

$\dfrac{27}{3}$ = _____ $\dfrac{45}{5}$ = _____ $\dfrac{0}{3}$ = _____

$\dfrac{40}{8}$ = _____ $\dfrac{48}{8}$ = _____ $\dfrac{1}{1}$ = _____

$\dfrac{5}{1}$ = _____ $\dfrac{35}{7}$ = _____ $\dfrac{4}{1}$ = _____

$\dfrac{81}{9}$ = _____ $\dfrac{9}{9}$ = _____ $\dfrac{0}{2}$ = _____

$\dfrac{10}{2}$ = _____ $\dfrac{0}{9}$ = _____ $\dfrac{36}{9}$ = _____

$\dfrac{72}{9}$ = _____ $\dfrac{9}{3}$ = _____

DIVISION

$\dfrac{45}{9} =$ _____ $\qquad \dfrac{56}{7} =$ _____ $\qquad \dfrac{9}{9} =$ _____

$\dfrac{32}{8} =$ _____ $\qquad \dfrac{0}{8} =$ _____ $\qquad \dfrac{54}{9} =$ _____

$\dfrac{24}{4} =$ _____ $\qquad \dfrac{35}{7} =$ _____ $\qquad \dfrac{6}{1} =$ _____

$\dfrac{54}{6} =$ _____ $\qquad \dfrac{81}{9} =$ _____ $\qquad \dfrac{6}{6} =$ _____

$\dfrac{30}{5} =$ _____ $\qquad \dfrac{2}{2} =$ _____ $\qquad \dfrac{40}{8} =$ _____

$\dfrac{45}{5} =$ _____ $\qquad \dfrac{16}{8} =$ _____ $\qquad \dfrac{20}{4} =$ _____

$\dfrac{14}{7} =$ _____ $\qquad \dfrac{9}{3} =$ _____

DIVISION

$\dfrac{8}{4}=$ _____ $\dfrac{48}{6}=$ _____ $\dfrac{32}{4}=$ _____

$\dfrac{15}{3}=$ _____ $\dfrac{5}{5}=$ _____ $\dfrac{48}{8}=$ _____

$\dfrac{16}{8}=$ _____ $\dfrac{16}{4}=$ _____ $\dfrac{27}{9}=$ _____

$\dfrac{0}{1}=$ _____ $\dfrac{18}{2}=$ _____ $\dfrac{4}{2}=$ _____

$\dfrac{8}{2}=$ _____ $\dfrac{5}{1}=$ _____ $\dfrac{49}{7}=$ _____

$\dfrac{40}{8}=$ _____ $\dfrac{30}{5}=$ _____ $\dfrac{4}{1}=$ _____

$\dfrac{45}{9}=$ _____ $\dfrac{36}{9}=$ _____

DIVISION

$\dfrac{12}{3} =$ _____ $\dfrac{21}{3} =$ _____ $\dfrac{4}{1} =$ _____

$\dfrac{48}{6} =$ _____ $\dfrac{6}{1} =$ _____ $\dfrac{36}{6} =$ _____

$\dfrac{0}{8} =$ _____ $\dfrac{56}{7} =$ _____ $\dfrac{21}{7} =$ _____

$\dfrac{6}{3} =$ _____ $\dfrac{24}{6} =$ _____ $\dfrac{18}{9} =$ _____

$\dfrac{9}{9} =$ _____ $\dfrac{0}{1} =$ _____ $\dfrac{0}{9} =$ _____

$\dfrac{63}{9} =$ _____ $\dfrac{9}{3} =$ _____ $\dfrac{16}{2} =$ _____

$\dfrac{36}{4} =$ _____ $\dfrac{20}{4} =$ _____

DIVISION

$\dfrac{18}{9} =$ _____ $\qquad \dfrac{2}{2} =$ _____ $\qquad \dfrac{30}{6} =$ _____

$\dfrac{8}{8} =$ _____ $\qquad \dfrac{2}{1} =$ _____ $\qquad \dfrac{8}{1} =$ _____

$\dfrac{12}{6} =$ _____ $\qquad \dfrac{0}{2} =$ _____ $\qquad \dfrac{6}{6} =$ _____

$\dfrac{63}{7} =$ _____ $\qquad \dfrac{4}{1} =$ _____ $\qquad \dfrac{0}{9} =$ _____

$\dfrac{9}{1} =$ _____ $\qquad \dfrac{56}{8} =$ _____ $\qquad \dfrac{9}{9} =$ _____

$\dfrac{32}{4} =$ _____ $\qquad \dfrac{8}{2} =$ _____ $\qquad \dfrac{72}{8} =$ _____

$\dfrac{72}{9} =$ _____ $\qquad \dfrac{64}{8} =$ _____

DIVISION

$\dfrac{45}{9} =$ ___ $\qquad \dfrac{72}{9} =$ ___ $\qquad \dfrac{27}{9} =$ ___

$\dfrac{0}{9} =$ ___ $\qquad \dfrac{4}{4} =$ ___ $\qquad \dfrac{48}{8} =$ ___

$\dfrac{36}{4} =$ ___ $\qquad \dfrac{27}{3} =$ ___ $\qquad \dfrac{25}{5} =$ ___

$\dfrac{32}{8} =$ ___ $\qquad \dfrac{7}{7} =$ ___ $\qquad \dfrac{56}{7} =$ ___

$\dfrac{18}{6} =$ ___ $\qquad \dfrac{21}{3} =$ ___ $\qquad \dfrac{6}{2} =$ ___

$\dfrac{49}{7} =$ ___ $\qquad \dfrac{36}{9} =$ ___ $\qquad \dfrac{3}{1} =$ ___

$\dfrac{36}{6} =$ ___ $\qquad \dfrac{10}{2} =$ ___

DIVISION

$\dfrac{15}{5} =$ _____ $\qquad$ $\dfrac{36}{6} =$ _____ $\qquad$ $\dfrac{54}{9} =$ _____

$\dfrac{49}{7} =$ _____ $\qquad$ $\dfrac{9}{1} =$ _____ $\qquad$ $\dfrac{35}{7} =$ _____

$\dfrac{15}{3} =$ _____ $\qquad$ $\dfrac{56}{8} =$ _____ $\qquad$ $\dfrac{25}{5} =$ _____

$\dfrac{12}{2} =$ _____ $\qquad$ $\dfrac{30}{6} =$ _____ $\qquad$ $\dfrac{21}{3} =$ _____

$\dfrac{0}{8} =$ _____ $\qquad$ $\dfrac{1}{1} =$ _____ $\qquad$ $\dfrac{56}{7} =$ _____

$\dfrac{8}{4} =$ _____ $\qquad$ $\dfrac{64}{8} =$ _____ $\qquad$ $\dfrac{20}{4} =$ _____

$\dfrac{18}{9} =$ _____ $\qquad$ $\dfrac{6}{3} =$ _____

MIXED

$2\overline{)4}$ $\begin{array}{r}5\\-\ 4\\\hline\end{array}$ $\begin{array}{r}6\\\times\ 1\\\hline\end{array}$ $\begin{array}{r}4\\\times\ 4\\\hline\end{array}$ $\begin{array}{r}8\\+\ 9\\\hline\end{array}$

$\begin{array}{r}15\\-\ 7\\\hline\end{array}$ $5\overline{)40}$ $\begin{array}{r}4\\+\ 3\\\hline\end{array}$ $5\overline{)30}$ $\begin{array}{r}9\\-\ 6\\\hline\end{array}$

$\begin{array}{r}4\\+\ 9\\\hline\end{array}$ $\begin{array}{r}9\\-\ 1\\\hline\end{array}$ $7\overline{)49}$ $\begin{array}{r}2\\\times\ 2\\\hline\end{array}$ $\begin{array}{r}6\\-\ 3\\\hline\end{array}$

$7\overline{)14}$ $\begin{array}{r}1\\+\ 8\\\hline\end{array}$ $\begin{array}{r}7\\\times\ 7\\\hline\end{array}$ $\begin{array}{r}7\\+\ 1\\\hline\end{array}$ $\begin{array}{r}9\\-\ 3\\\hline\end{array}$

$3\overline{)27}$ $\begin{array}{r}2\\\times\ 1\\\hline\end{array}$ $\begin{array}{r}5\\+\ 7\\\hline\end{array}$ $\begin{array}{r}9\\+\ 9\\\hline\end{array}$ $7\overline{)7}$

MIXED

```
    4           5                        1
  + 3         + 7        6)18          + 4         4)12


    8           4
  - 7         + 7        7)14         4)36          2
                                                  × 2


    9           1           5            4           3
  + 4         + 1         + 6          × 4         × 2


    1           7           4            3           5
  × 5         + 7         - 2          + 1         - 4


    8                       4           11
  - 1         9)63        × 5          - 5         4)8
```

MIXED

| 1 + 7 | 8 − 2 | 8 × 2 | 9)81 | 3)24 |

| 7)42 | 8 − 4 | 6 × 1 | 14 − 6 | 9 + 9 |

| 3 + 2 | 5 + 5 | 9)72 | 9 × 1 | 9 × 8 |

| 2 + 7 | 4 + 1 | 16 − 7 | 12 − 8 | 7 − 1 |

| 8 + 5 | 7)28 | 1 × 8 | 15 − 6 | 4 − 1 |

MIXED

```
   3          3          7                    7
+  3       +  7       +  9       1)6       +  5


   8          9                    10          7
-  6       +  2       2)16       -   6      +  6


              8          1          1           5
5)45       +  8       ×  4       +  4       +  9


             14                     7
9)36       -  8       8)72       -  3       2)10


   6         10         12          5
-  1       -  7       -  3       +  5       2)2
```

MIXED

$5\overline{)30}$ $\begin{array}{r} 4 \\ -\ 1 \\ \hline \end{array}$ $4\overline{)4}$ $\begin{array}{r} 15 \\ -\ 7 \\ \hline \end{array}$ $\begin{array}{r} 3 \\ \times\ 1 \\ \hline \end{array}$

$5\overline{)40}$ $\begin{array}{r} 3 \\ \times\ 4 \\ \hline \end{array}$ $\begin{array}{r} 9 \\ +\ 5 \\ \hline \end{array}$ $\begin{array}{r} 4 \\ -\ 3 \\ \hline \end{array}$ $\begin{array}{r} 8 \\ -\ 1 \\ \hline \end{array}$

$\begin{array}{r} 9 \\ \times\ 5 \\ \hline \end{array}$ $\begin{array}{r} 3 \\ \times\ 9 \\ \hline \end{array}$ $\begin{array}{r} 12 \\ -\ 6 \\ \hline \end{array}$ $\begin{array}{r} 16 \\ -\ 8 \\ \hline \end{array}$ $\begin{array}{r} 5 \\ -\ 4 \\ \hline \end{array}$

$\begin{array}{r} 7 \\ +\ 9 \\ \hline \end{array}$ $7\overline{)7}$ $\begin{array}{r} 9 \\ -\ 4 \\ \hline \end{array}$ $\begin{array}{r} 3 \\ \times\ 7 \\ \hline \end{array}$ $1\overline{)8}$

$\begin{array}{r} 2 \\ +\ 4 \\ \hline \end{array}$ $\begin{array}{r} 9 \\ -\ 2 \\ \hline \end{array}$ $\begin{array}{r} 3 \\ +\ 5 \\ \hline \end{array}$ $\begin{array}{r} 6 \\ \times\ 1 \\ \hline \end{array}$ $\begin{array}{r} 13 \\ -\ 4 \\ \hline \end{array}$

MIXED

```
   3              8              6
+  4    8)16   +  5    3)12    × 4


   9       12
-  6    -   3    1)2    6)12    1)7


   5          9       2       3       7
+  3       -  3    -  1    +  1    × 1


   9         12      14              11
-  2      -   9   -   8    8)48   -   6


   9         13
×  9      -   6    3)9     2)2    +  7
                                      3
```

MIXED

```
  16         17         15                  2
-  9       -  8       -  8      7)35      × 4
```

```
             14          6          8          6
          -   6        × 9        - 2        × 8
1)1
```

```
              1
           +  4                                 9
5)20                  1)9        4)8        -  4
```

```
              2         10          1          9
           +  8       -  9        × 2        × 7
3)24
```

```
  10          8          8          4          3
-  5       +  9       -  5       -  3       +  7
```

MIXED

$6\overline{)18}$ $\quad$ $1\overline{)9}$ $\quad$ $\begin{array}{r} 1 \\ +\ 3 \\ \hline \end{array}$ $\quad$ $\begin{array}{r} 16 \\ -\ 8 \\ \hline \end{array}$ $\quad$ $\begin{array}{r} 7 \\ +\ 1 \\ \hline \end{array}$

$5\overline{)45}$ $\quad$ $1\overline{)4}$ $\quad$ $\begin{array}{r} 8 \\ -\ 1 \\ \hline \end{array}$ $\quad$ $\begin{array}{r} 8 \\ \times\ 2 \\ \hline \end{array}$ $\quad$ $5\overline{)25}$

$\begin{array}{r} 4 \\ \times\ 1 \\ \hline \end{array}$ $\quad$ $\begin{array}{r} 10 \\ -\ 8 \\ \hline \end{array}$ $\quad$ $\begin{array}{r} 13 \\ -\ 8 \\ \hline \end{array}$ $\quad$ $\begin{array}{r} 7 \\ +\ 5 \\ \hline \end{array}$ $\quad$ $\begin{array}{r} 12 \\ -\ 3 \\ \hline \end{array}$

$\begin{array}{r} 12 \\ -\ 7 \\ \hline \end{array}$ $\quad$ $1\overline{)6}$ $\quad$ $\begin{array}{r} 8 \\ \times\ 3 \\ \hline \end{array}$ $\quad$ $\begin{array}{r} 7 \\ \times\ 4 \\ \hline \end{array}$ $\quad$ $\begin{array}{r} 8 \\ \times\ 8 \\ \hline \end{array}$

$\begin{array}{r} 9 \\ -\ 2 \\ \hline \end{array}$ $\quad$ $\begin{array}{r} 4 \\ \times\ 5 \\ \hline \end{array}$ $\quad$ $\begin{array}{r} 1 \\ +\ 1 \\ \hline \end{array}$ $\quad$ $6\overline{)24}$ $\quad$ $3\overline{)24}$

MIXED

7×8 $3 + 7$ $9\overline{)45}$ $9\overline{)27}$ $14 - 5$

$6\overline{)18}$ 9×9 $4 - 3$ $7 - 4$ $7 + 2$

$8 + 6$ $2\overline{)14}$ $3 + 1$ $7\overline{)7}$ $9 + 1$

$5 - 2$ $5\overline{)45}$ $5\overline{)35}$ 9×5 $4 + 9$

$6 + 6$ $1 + 2$ $7 + 5$ $1 + 6$ $12 - 7$

MIXED

```
    9        13         1         4         7
  + 7       - 6       + 4       + 5       + 9


                                          15
  3)6      8)72      6)36      3)27      - 9


    8
  × 3      7)14       1)1       2)2      7)35


    5         2         9         4         7
  × 1       + 8       × 7       - 1       × 6


   12         8         6         6         6
  - 6       - 6       - 5       - 2       + 3
```

MIXED

$11 - 4$ $2 + 9$ 3×9 $2 + 2$ $30 \div 5$

$1 + 6$ $4 - 2$ $7 + 2$ $9 \div 1$ $4 \div 4$

$10 - 7$ $5 + 6$ $4 \div 2$ $8 - 7$ 2×9

$40 \div 5$ $5 + 8$ $8 - 1$ 7×7 $3 \div 1$

$48 \div 6$ $20 \div 4$ $4 + 1$ $35 \div 5$ $12 - 4$

MIXED

$1\overline{)9}$ $\quad\quad$ $\begin{array}{r}1\\+\ 7\\\hline\end{array}$ $\quad\quad$ $\begin{array}{r}6\\\times\ 9\\\hline\end{array}$ $\quad\quad$ $\begin{array}{r}6\\-\ 3\\\hline\end{array}$ $\quad\quad$ $\begin{array}{r}13\\-\ 6\\\hline\end{array}$

$5\overline{)35}$ $\quad\quad$ $\begin{array}{r}9\\+\ 5\\\hline\end{array}$ $\quad\quad$ $8\overline{)16}$ $\quad\quad$ $\begin{array}{r}8\\\times\ 1\\\hline\end{array}$ $\quad\quad$ $\begin{array}{r}3\\\times\ 4\\\hline\end{array}$

$\begin{array}{r}12\\-\ 6\\\hline\end{array}$ $\quad\quad$ $9\overline{)81}$ $\quad\quad$ $\begin{array}{r}7\\-\ 1\\\hline\end{array}$ $\quad\quad$ $\begin{array}{r}10\\-\ 5\\\hline\end{array}$ $\quad\quad$ $\begin{array}{r}10\\-\ 2\\\hline\end{array}$

$3\overline{)9}$ $\quad\quad$ $\begin{array}{r}9\\-\ 5\\\hline\end{array}$ $\quad\quad$ $\begin{array}{r}6\\+\ 8\\\hline\end{array}$ $\quad\quad$ $\begin{array}{r}1\\+\ 3\\\hline\end{array}$ $\quad\quad$ $\begin{array}{r}7\\+\ 5\\\hline\end{array}$

$\begin{array}{r}7\\\times\ 9\\\hline\end{array}$ $\quad\quad$ $\begin{array}{r}9\\\times\ 6\\\hline\end{array}$ $\quad\quad$ $\begin{array}{r}5\\+\ 9\\\hline\end{array}$ $\quad\quad$ $\begin{array}{r}3\\\times\ 9\\\hline\end{array}$ $\quad\quad$ $\begin{array}{r}13\\-\ 5\\\hline\end{array}$

MIXED

$$\begin{array}{r}11\\-6\\\hline\end{array} \qquad \begin{array}{r}1\\+3\\\hline\end{array} \qquad 3\overline{)6} \qquad \begin{array}{r}1\\\times7\\\hline\end{array} \qquad \begin{array}{r}10\\-6\\\hline\end{array}$$

$$\begin{array}{r}9\\\times2\\\hline\end{array} \qquad \begin{array}{r}4\\+2\\\hline\end{array} \qquad \begin{array}{r}1\\\times1\\\hline\end{array} \qquad 6\overline{)18} \qquad 8\overline{)40}$$

$$\begin{array}{r}8\\+1\\\hline\end{array} \qquad \begin{array}{r}14\\-6\\\hline\end{array} \qquad \begin{array}{r}16\\-8\\\hline\end{array} \qquad \begin{array}{r}6\\\times9\\\hline\end{array} \qquad \begin{array}{r}2\\+3\\\hline\end{array}$$

$$\begin{array}{r}7\\+9\\\hline\end{array} \qquad \begin{array}{r}7\\-5\\\hline\end{array} \qquad \begin{array}{r}8\\\times1\\\hline\end{array} \qquad \begin{array}{r}2\\+1\\\hline\end{array} \qquad 4\overline{)8}$$

$$\begin{array}{r}7\\\times5\\\hline\end{array} \qquad \begin{array}{r}9\\\times3\\\hline\end{array} \qquad \begin{array}{r}7\\\times4\\\hline\end{array} \qquad \begin{array}{r}4\\-1\\\hline\end{array} \qquad \begin{array}{r}10\\-5\\\hline\end{array}$$

MIXED

$$\begin{array}{r}6\\-\ 4\\\hline\end{array}\qquad 4\overline{)24}\qquad \begin{array}{r}11\\-\ 6\\\hline\end{array}\qquad \begin{array}{r}6\\\times\ 7\\\hline\end{array}\qquad 6\overline{)36}$$

$$\begin{array}{r}17\\-\ 9\\\hline\end{array}\qquad \begin{array}{r}4\\\times\ 2\\\hline\end{array}\qquad 8\overline{)16}\qquad \begin{array}{r}7\\\times\ 6\\\hline\end{array}\qquad \begin{array}{r}9\\+\ 1\\\hline\end{array}$$

$$2\overline{)6}\qquad \begin{array}{r}9\\\times\ 3\\\hline\end{array}\qquad 7\overline{)21}\qquad 7\overline{)28}\qquad \begin{array}{r}9\\-\ 5\\\hline\end{array}$$

$$\begin{array}{r}10\\-\ 1\\\hline\end{array}\qquad \begin{array}{r}9\\-\ 1\\\hline\end{array}\qquad 8\overline{)72}\qquad 9\overline{)54}\qquad \begin{array}{r}8\\+\ 4\\\hline\end{array}$$

$$\begin{array}{r}6\\+\ 1\\\hline\end{array}\qquad \begin{array}{r}3\\+\ 6\\\hline\end{array}\qquad \begin{array}{r}8\\+\ 5\\\hline\end{array}\qquad \begin{array}{r}3\\+\ 2\\\hline\end{array}\qquad \begin{array}{r}17\\-\ 8\\\hline\end{array}$$

MIXED

$3\overline{)24}$ $\quad$ $\begin{array}{r}4\\+\ 8\\\hline\end{array}$ $\quad$ $\begin{array}{r}7\\+\ 8\\\hline\end{array}$ $\quad$ $\begin{array}{r}3\\-\ 2\\\hline\end{array}$ $\quad$ $\begin{array}{r}14\\-\ 7\\\hline\end{array}$

$\begin{array}{r}5\\\times\ 6\\\hline\end{array}$ $\quad$ $\begin{array}{r}13\\-\ 8\\\hline\end{array}$ $\quad$ $1\overline{)7}$ $\quad$ $\begin{array}{r}6\\\times\ 4\\\hline\end{array}$ $\quad$ $\begin{array}{r}4\\+\ 1\\\hline\end{array}$

$4\overline{)20}$ $\quad$ $8\overline{)56}$ $\quad$ $\begin{array}{r}16\\-\ 9\\\hline\end{array}$ $\quad$ $\begin{array}{r}14\\-\ 8\\\hline\end{array}$ $\quad$ $5\overline{)45}$

$\begin{array}{r}13\\-\ 9\\\hline\end{array}$ $\quad$ $7\overline{)21}$ $\quad$ $\begin{array}{r}3\\+\ 4\\\hline\end{array}$ $\quad$ $\begin{array}{r}9\\\times\ 3\\\hline\end{array}$ $\quad$ $\begin{array}{r}9\\+\ 4\\\hline\end{array}$

$\begin{array}{r}9\\\times\ 9\\\hline\end{array}$ $\quad$ $6\overline{)48}$ $\quad$ $\begin{array}{r}13\\-\ 7\\\hline\end{array}$ $\quad$ $\begin{array}{r}10\\-\ 8\\\hline\end{array}$ $\quad$ $\begin{array}{r}3\\+\ 8\\\hline\end{array}$

MIXED

$7\overline{)49}$ $\begin{array}{r}5\\-3\\\hline\end{array}$ $\begin{array}{r}9\\-3\\\hline\end{array}$ $\begin{array}{r}6\\-3\\\hline\end{array}$ $5\overline{)10}$

$\begin{array}{r}15\\-6\\\hline\end{array}$ $\begin{array}{r}5\\\times 2\\\hline\end{array}$ $\begin{array}{r}2\\+5\\\hline\end{array}$ $\begin{array}{r}6\\\times 7\\\hline\end{array}$ $7\overline{)63}$

$\begin{array}{r}9\\+2\\\hline\end{array}$ $\begin{array}{r}1\\+8\\\hline\end{array}$ $\begin{array}{r}1\\\times 2\\\hline\end{array}$ $\begin{array}{r}16\\-8\\\hline\end{array}$ $8\overline{)24}$

$9\overline{)36}$ $\begin{array}{r}3\\+8\\\hline\end{array}$ $\begin{array}{r}8\\\times 5\\\hline\end{array}$ $6\overline{)6}$ $\begin{array}{r}13\\-7\\\hline\end{array}$

$\begin{array}{r}4\\-2\\\hline\end{array}$ $\begin{array}{r}5\\\times 6\\\hline\end{array}$ $\begin{array}{r}2\\\times 8\\\hline\end{array}$ $\begin{array}{r}1\\\times 8\\\hline\end{array}$ $\begin{array}{r}9\\+9\\\hline\end{array}$

MIXED

$13 - 6$　　1×8　　$6\overline{)18}$　　$18 - 9$　　$7 + 3$

2×1　　1×7　　$1\overline{)6}$　　9×8　　$9 + 1$

$9 - 5$　　$7 - 2$　　1×6　　2×8　　$8 + 6$

$8 - 2$　　$10 - 2$　　2×9　　$9 + 8$　　$1\overline{)4}$

$8 + 7$　　$3 + 3$　　$1 + 2$　　7×6　　$11 - 5$

MIXED

$4\overline{)32}$ $7\overline{)28}$ $1\overline{)9}$ $\begin{array}{r}4\\-\ 1\\\hline\end{array}$ $\begin{array}{r}9\\\times\ 3\\\hline\end{array}$

$\begin{array}{r}8\\\times\ 5\\\hline\end{array}$ $4\overline{)4}$ $\begin{array}{r}1\\+\ 8\\\hline\end{array}$ $2\overline{)4}$ $\begin{array}{r}5\\+\ 7\\\hline\end{array}$

$\begin{array}{r}9\\+\ 7\\\hline\end{array}$ $\begin{array}{r}10\\-\ 7\\\hline\end{array}$ $\begin{array}{r}15\\-\ 9\\\hline\end{array}$ $\begin{array}{r}2\\+\ 2\\\hline\end{array}$ $\begin{array}{r}6\\\times\ 7\\\hline\end{array}$

$\begin{array}{r}3\\+\ 5\\\hline\end{array}$ $\begin{array}{r}2\\\times\ 8\\\hline\end{array}$ $\begin{array}{r}1\\+\ 4\\\hline\end{array}$ $\begin{array}{r}4\\\times\ 9\\\hline\end{array}$ $\begin{array}{r}3\\+\ 2\\\hline\end{array}$

$\begin{array}{r}8\\+\ 9\\\hline\end{array}$ $\begin{array}{r}1\\\times\ 6\\\hline\end{array}$ $\begin{array}{r}3\\\times\ 1\\\hline\end{array}$ $2\overline{)16}$ $\begin{array}{r}2\\\times\ 7\\\hline\end{array}$